◄ PUEBLOS AMERICANOS NATIVOS ►

LOS PUEBLO

por Mary D´Apice

Ilustrado por Katherine Ace

Versión en español de Aída E. Marcuse

ROURKE PUBLICATIONS, INC.

VERO BEACH, FLORIDA 32964

ÍNDICE

Library of Congress Cataloging-in-Publication Data

D´Apice, Mary
  (Pueblo. Español)
  Los Pueblo / por Mary D´Apice; ilustrado por Katherine Ace; versión en español de Aída Marcuse.
  p. cm. — (Pueblos americanos nativos)
  Traducción de: The Pueblo
  Incluye índice.
  Resumen: Historia del grupo de tribus indígenas conocidas colectivamente como Pueblos, a causa de las aldeas parecidas a esculturas en que vivían cuando los españoles llegaron a Norte América.
  ISBN 0-86625-453-6
    1. Indígenas Pueblo-Historia-Literatura Juvenil.
  2. Indígenas Pueblo-Literatura juvenil. (1. Indígenas Pueblo.
  2. Indígenas de Norte América. 3. Materiales en español)
  I. Ace, Katherine; ilustr. II. Título. III. Series.
  E99.P9D2618   1992
  973´.0497-dc20   92-11466
                                                CIP
                                                AC

Camel Rock, New México

INTRODUCCIÓN

Apretadas en las mesetas y profundos cañones del suroeste, las aldeas de los indígenas Pueblo parecen levantarse como esculturas de las mismas rocas. Cuando los españoles llegaron a América del Norte, llamaron "pueblos" esas elaboradas aldeas y ese nombre se les dio, por extensión, a quienes las habitaban, aunque no todos eran de la misma tribu. Otras tribus Pueblo son los Hopi de Arizona, los Zunis, Acomas y Lagunas del oeste de New Mexico y otras más que viven a orillas del Río Grande. Hoy quedan unos veinte pueblos activos, concentrados sobretodo alrededor del Río Grande, en New Mexico. Cada grupo tiene un idioma y cultura algo distinto de los demás. A menudo las tribus no se entienden entre sí en sus propios idiomas. Pero pese a sus diferencias, los indígenas Pueblo tienen antepasados comunes y comparten sus creencias.

Hace miles de años, los antepasados de los Pueblo habitaban la región llamada "cuatro esquinas," un lugar donde se encuentran Arizona, Colorado, Utah y New Mexico. Sus vecinos, los Navajo, los llamaban Anasazi, que significa "los antiguos." Los Anasazi fueron los primeros indígenas que construyeron sus casas en el terreno rocoso del suroeste.

Los Pueblo tienen una fuerte tradición espiritual que se remonta al tiempo de los Anasazi. Su religión no está reservada para ocasiones especiales, sino que es el centro de la vida diaria. Los Pueblo creen que fueron nombrados custodios de la tierra y, por lo tanto, deben vivir en armonía con la naturaleza y respetar los espíritus que hay en todas las cosas vivientes.

Desde que el líder español Coronado llegara a mediados del siglo 16, tanto europeos como americanos trataron de convencer a los indígenas que cambiaran de religión y manera de vivir. La historia de los Pueblo es la de un grupo que lucha por mantener el delicado equilibrio entre la vida moderna y las tradiciones ancestrales.

Filosofía y religión

Los grupos de americanos nativos Pueblo comparten un mito acerca de la creación del mundo, del que surgieron sus creencias espirituales. Su filosofía les enseña que deben conservar la pureza de la vida y vivir en armonía con la naturaleza.

Una leyenda popular cuenta que los antepasados Pueblo emergieron del mundo subterráneo a través de un lago o pasaje llamado *Sipapu*, conducidos por el Gran Espíritu, o Creador, quien los guió a su territorio actual. El Gran Espíritu les proveyó lo necesario para vivir en la tierra, y les enseñó que todas las criaturas vivientes, incluso el maíz, los árboles, animales, la gente y las fuerzas naturales invisibles, poseen un espíritu. El Gran Espíritu nombró a los antepasados de los Pueblo custodios de la tierra y les dio la responsabilidad de protegerla. "La vida" - les dijo - "es un equilibrio delicado, y sólo el hombre tiene el poder de trastornarlo."

Los Pueblo debían defender el Bien contra el Mal y respetar la tierra. El Gran Espíritu les advirtió que, si desobedecían, se producirían terribles catástrofes.

Los Pueblo tomaron muy en serio la advertencia. Trataron de vivir apaciblemente, pagando tributo al mundo espiritual con ritos y danzas sagradas. La mayoría de las ceremonias eran dramatizaciones de los acontecimientos místicos que llevaron a sus antepasados a su patria. Hasta hoy, los Pueblo observan estrictamente esas ceremonias y cuidan cada detalle de las danzas, e incluso de los trajes.

La mayoría de los rituales se llevan a cabo en el *kiva*. El kiva es el edificio más sagrado de la aldea. Generalmente se construye bajo tierra, dejándole una pequeña escotilla que representa el *Sipapu*, la abertura sagrada que era la salida al mundo. En el kiva hay un altar y reliquias, y pinturas murales que relatan escenas mitológicas.

El kiva también era un lugar de reunión o club para los hombres, que podían ir allí a descansar y tejer, un arte reservado a los hombres.

Las mujeres y niños raramente iban al kiva, a menos de ser especialmente invitados.

Kachinas - Los dioses enmascarados

Los Pueblo creían que necesitaban ayuda del Mundo de los Espíritus para vivir sanos, felices, y obtener buenas cosechas. Un aspecto importante de su religión era el culto de los kachinas.

Los kachinas eran seres sobrenaturales, mensajeros de los dioses, que visitaban las aldeas y les traían buena suerte. Los kachinas fueron quienes primero enseñaron a los Pueblo a cazar y cultivar la tierra, y también las artes y danzas que servían para provocar la lluvia. Aunque los Pueblo poseían también otros conocimientos, creían que los kachinas ayudaban a hacer llover.

Durante una ceremonia que todavía se practica hoy en día, los kachinas surgen de la entrada del kiva y recrean la marcha fuera del *Sipapu*. Al llegar a la plaza, bailan y son alegremente recibidos por toda la

aldea. Estos seres fantásticos se adornan pintándose el cuerpo, con ramas de árbol, cuernos de animales y plumas representando los animales y espíritus ancestrales. Hasta los niños comprenden la importancia de los bailarines cuando ven la danza.

Mientras crece, un niño o niña recibe muñecos que representan algunos de los 300 distintos kachinas, pero no como juguetes, sino como elementos sagrados de su religión. Al cumplir trece años un varón, se lo invita al kiva y se le revela la identidad de los kachinas. Las niñas no son invitadas al kiva, pero se les cuenta el secreto mediante danzas llevadas a cabo por sus hermanos mayores, padres, tíos y demás hombres de la comunidad. Los viejos también les explican que, cuando un hombre representa a un kachina, el espíritu del kachina entra en su cuerpo. Estas ceremonias recuerdan a la gente de la aldea que el mundo de los espíritus está siempre presente entre ellos.

Pueblo Bonito, Cañón Chaco, New Mexico

Historia antigua

Los antepasados de las tribus Pueblo vivieron en el suroeste del país desde hace por lo menos 12.000 años. Los antropólogos creen que originalmente eran una tribu nómade que sobrevivía cazando animales salvajes y comiendo nueces y bayas. Entre los años 400 y 700 de nuestra era, aprendieron a cultivar maíz y se volvieron sedentarios. Querían vivir cerca de los campos, e hicieron sus casas en las cavernas y acantilados de la región. Esos grupos fueron llamados Anasazi. Los antropólogos también los llamaron "Tejedores de Canastas" por los hermosos objetos tejidos, cinturones y sandalias que fabricaban.

Los Anasazi fueron los constructores originales de las aldeas que se levantan majestuosamente del terreno rocoso. Su tradición arquitectónica estaba firmemente establecida hacia el año 700, cuando su cultura fue asimilada por los Pueblo. Pero puede decirse que los Pueblo fueron los primeros constructores de casas de apartamentos. Pueblo Bonito, construído hacia el año 950, fue el edificio de apartamentos más grande que se construyera, hasta que uno aún más grande se levantó en New York en 1882.

Apogeo histórico

El apogeo de los Pueblo ocurrió entre los años 1050 y 1300 de nuestra era, cuando se establecieron sus centros principales: Mesa Verde, Cañón Chaco y Kayenta, en la región de las "Cuatro Esquinas." Cañón Chaco, cerca de la cuenca del río San Juan, es la ciudad más antigua. Varias carreteras principales, de treinta pies de ancho, la conectaban a las aldeas vecinas.

Es importante entender el ambiente natural de las tribus Pueblo, para poder apreciar su influencia y las razones de su resistencia. Las regiones del suroeste de Estados Unidos son semiáridas o de clima desértico. El terreno rocoso, de acantilados puntiagudos, a veces tiene superficies planas llamadas *mesetas*. Es difícil comprender cómo los Pueblo lograron extraerle su sustento a suelo tan arcilloso. Además, en el suroeste las sequías son una amenaza constante, y en verano fuertes lluvias suelen destruir las cosechas.

La cultura Pueblo floreció a pesar del duro clima. Los Pueblo eran excelentes artesanos y campesinos. Hacían hermosas cerámicas, cuyo estilo más conocido es el de diseños negros pintados sobre fondo blanco brillante. Al progresar su civilización, los indígenas Pueblo desarrollaron nuevos y mejores métodos de construcción. Perfeccionaron el trabajo de la piedra, que era lo que más distinguía su cultura de las demás y construyeron casas más grandes, que a veces subían treinta pisos hacia el claro cielo del desierto.

De pronto, entre 1276 y 1299, los poblados decayeron. Se abandonaron aldeas tan grandes como Cañón Chaco y Mesa Verde. Los indígenas probablemente se alojaron con otras tribus o se asentaron en otro lugar. A partir de marcas que datan de ese tiempo, los antropólogos estiman que una sequía de veintitrés años de duración pudo haber forzado a los Pueblo a marcharse.

En 1450 se produjo una nueva serie de migraciones y, otra vez, aldeas enteras fueron abandonadas, excepto algunas del valle del Río Grande y otras en territorios Zuni, Acoma y Hopi.

Llegada de los españoles

El primer contacto de los Pueblo con los españoles se produjo en 1540, a la llegada del explorador Francisco de Coronado. Los 292 soldados, mejicanos acristianados y franciscanos que lo acompañaban, fueron los primeros de muchos invasores que maltrataron a los indígenas y desdeñaron sus costumbres y tradiciones.

Coronado vino a América en busca de riquezas y míticas ciudades de oro. Los nativos nada sabían de esas riquezas y, si lo

hubieran conocido, ni siquiera les hubiera interesado usar ese metal tan blando. Coronado volvió a España sin tesoros, pero habiendo hecho gran impresión en los indígenas Pueblo antes de abandonar sus aldeas.

Coronado no había sido invitado al territorio del suroeste, pero se comportó en él como si fuese dueño de las tierras y su gente. Dondequiera que fueran, los invasores obligaban a los indígenas a jurar lealtad a España.

También trataron de convertirlos y hacerlos adorar al dios cristiano. Arrancaron ropas de las espaldas de los indígenas y se ampararon de los alimentos que a los Pueblo les había costado tanto hacer crecer y preservar. En algunos casos quemaron las aldeas, maltrataron a sus habitantes y hasta los vendieron como esclavos. Años más tarde, Coronado fue juzgado por su mal comportamiento, pero no fue condenado. Los males que infligió a los Pueblo pesó mucho en los sentimientos que les inspirara el hombre blanco de allí en adelante.

Colonización de New Mexico

Los Pueblo estuvieron libres de invasores españoles los cuarenta años siguientes, pero en 1580, pequeñas expediciones volvieron a incursionar en su región. Los españoles no representaron un acontecimiento mayor para las tribus hasta que el rey de España envió a Don Juan de Oñate. Con él, una nueva generación de exploradores españoles irrumpió en la región en busca de los mismos tesoros que no habían encontrado quienes los precedieran.

Juan de Oñate hizo "oficial" su conquista del territorio de los Pueblo en 1598. España le había concedido permiso para colonizar la región Pueblo, hoy llamada New Mexico, y convertir sus habitantes al cristianismo. Oñate proclamó que todas las tierras, aldeas y los mismos americanos nativos que las habitaban,

"Por aquí pasó el Adelantado Juan de Oñate, en camino a descubrir el Mar del Sur, el 16 de abril del año 1605." Este mensaje fue encontrado en la Roca de la Inscripción, Monumento Nacional El Morro, New Mexico.

Misión Pueblo de los Acoma.

Comedor de la Escuela Indígena de Estados Unidos, Albuquerque, New Mexico, Mayo de 1881

pertenecían a la corona española.

Primero Oñate trató de obtener la lealtad de los indígenas por medios diplomáticos, y convocó a dos conferencias a los representantes Pueblo del Río Grande. Por medio de intérpretes, los indígenas prometieron fidelidad al rey de España. Después, los franciscanos los convencieron que sería mucho mejor para ellos aceptar el dios blanco.

Los líderes espirituales de los indígenas estaban confundidos. Algunos pensaban que la conversión cambiaría su estilo de vida. Otros creían que era una alternativa aceptable que no iría en contra de sus antiguas creencias. Por fin, permitieron que los franciscanos visitaran sus aldeas y les enseñaran la nueva religión.

Pronto los monjes levantaron misiones en las aldeas, usando a los indígenas como mano de obra. Los líderes Pueblo trataron de contrarrestar las enseñanzas de los blancos, pero mucha gente sentía curiosidad por la nueva religión. A otros los impresionaba el poder que el dios cristiano había concedido a los blancos. Hacia 1608, los españoles habían bautizado a unos 7.000 indígenas Pueblo y levantado misiones en cincuenta aldeas.

Monjes y soldados gobernaron tiránicamente a los Pueblo. Aunque teóricamente eran religiosos, los franciscanos fueron crueles con quienes practicaban sus viejos ritos, destruyeron sus objetos religiosos y hasta los torturaron. Pero los indígenas mantuvieron sus tradiciones pese a todo. Construyeron kivas al abrigo de las misiones y decoraron con plumas las cruces cristianas. En verdad, la conversión de los Pueblo al cristianismo había sido muy superficial.

Aunque las aldeas resistieron los cambios en materia espiritual, los cambios materiales en la vida diaria fueron bienvenidos. Los indígenas Pueblo aprendieron a usar agujas metálicas en vez de las de hueso, los oficios de los españoles, cómo producían sus cosechas y a criar ganado.

Misión Pueblo Isleta

La tiranía española

Los españoles querían establecer un gran imperio en todo el continente, y no estaban dispuestos a permitir que los nativos se les interpusieran. Además, decidieron usarlos para obtener sus propósitos. Lo primero que hicieron fue desbaratar tanto la vida económica y social de los Pueblo, como su vida espiritual.

Oñate conquistó las pacíficas tribus en poco tiempo y estableció un gobierno feudal parecido al que existía en Europa. En ese sistema, los campesinos, o siervos, trabajaban los campos para los acaudalados propietarios de las tierras. Y los indígenas Pueblo fueron tratados como si fueran siervos.

Se puso a cargo de cada aldea un funcionario español. Este estaba a cargo de que los indígenas pagaran impuestos en maíz, paños tejidos y con su trabajo. Algunos de los hermosos paños tejidos y otros productos artísticos se exportaban a España y eran vendidos en provecho de los colonos españoles. Además, Oñate ordenó que los indígenas pagaran un impuesto agrícola, llamado *la encomienda*. La iglesia católica recibía la décima parte de ese impuesto, y el resto se repartía entre los funcionarios del gobierno español que trabajaban en Santa Fe, la capital de New Mexico.

En general, los Pueblo no lucharon contra los españoles. Rebelarse no tenía sentido, ya que los arcos y flechas no podían compararse con las pistolas. Algunos indígenas parecían sobrecogidos por el poder del hombre blanco. Inclusive buscaron la protección de los españoles contra las tribus nómades de los Llanos, que a menudo incursionaban en sus aldeas en busca de alimentos. Los Apache eran los más feroces, pero tampoco podían enfrentar el fuego español. Algunos de los Pueblo se sentían aliviados sabiendo que los españoles los protegían.

El camino a la rebelión

Pero pronto los indígenas resintieron el injusto tratamiento que recibían. Estaban cansados de construir el imperio español, y de ser castigados por practicar sus ritos. Fueron épocas de grandes sufrimientos para ellos. La viruela, una enfermedad europea traída por los colonos, mató a 5.000 indígenas Pueblo en un año. Las cosechas se secaron en sus tallos, y la gente comía cuero salpicado con harina de maíz. Los nómades de las llanuras incursionaban en las aldeas con mayor frecuencia.

Los líderes religiosos de los Pueblo creían que tantos sufrimientos eran debidos a que sus dioses estaban enojados con ellos por rendirle culto al dios cristiano. Los problemas y desastres naturales que se sucedían les daban la razón.

Para peor, los líderes de las tribus eran humillados y torturados por los españoles, azotados públicamente y encarcelados por brujería. Algunos eran sentenciados a la esclavitud. Sin sus líderes, el resto de la tribu no podía hacer nada. ¿Cómo podían llevar a cabo sus ritos sin jefes? Los Pueblo decidieron organizarse y luchar.

16.000 indios viajaron a Santa Fe a pedir que se dejaran libres sus líderes religiosos. Rodearon el Palacio de Gobierno y amenazaron matar a todos los españoles, si no obtenían la libertad de los suyos antes del anochecer. Los 2.500 españoles, tan excedidos en número, tuvieron que conceder lo que se les pedía.

La rebelión del cacique Popé

Repartidos por el suroeste del país, los Pueblo nunca habían tenido razones para unirse. Pero los españoles eran el enemigo común. Popé, un cacique de los Pueblo Tewa, quería establecer una sola nación Pueblo. Había luchado mucho contra la influencia y la opresión españolas, y por obtener la libertad económica y religiosa de su gente. El episodio de Santa Fe demostraba que los indígenas podían enfrentar con éxito a los españoles.

El cacique Popé era muy poderoso. Muchos indígenas creían que tenía conexiones directas con el mundo espiritual. En años previos a la gran rebelión de 1680, Popé viajó a las diferentes aldeas en busca de apoyo. Y desde los Pueblo del Río Grande hasta los Zuni y Hopi del oeste, consiguió que muchos lo acompañaran a Santa Fe para el levantamiento contra los españoles. Las tribus unidas, como un violento remolino, destruirían la capital del imperio.

Pero no todos estaban de acuerdo con él. Algunos eran leales a los españoles y querían mantenerlos cerca para que los protegieran de las tribus nómades. Popé luchó contra esa resistencia, y llegó a matar a los indígenas que le eran desleales.

Después de planear la lucha por años, los Pueblo estaban listos. El 10 de agosto de 1680 marcharon a través del desierto e hicieron que Santa Fe se rindiera. Los españoles estaban asombrados, nunca habían imaginado que su poderoso imperio sería desafiado. Los Pueblo demolieron las iglesias y se llevaron el ganado y las ovejas de la misión. En algunas aldeas se destrozaron las reliquias y se quemaron las iglesias cristianas. En once días de revuelta, murieron 400 españoles entre soldados y misioneros. Los españoles fueron expulsados. Así terminaron los primeros ochenta y dos años de ocupación española de New Mexico.

Un altar doméstico Hopi, con orejas de maíz y un kachina, solía ser usado para comunicarse con el Mundo Espiritual. Los Hopi creían que alguna gente, como el cacique Popé, estaba en conexión directa con el Mundo Espiritual.

17

Regreso de los españoles

Al acabar la rebelión, Popé se declaró a sí mismo el nuevo jefe. Quería borrar todas las trazas de la cultura española, incluso el cristianismo. Los indígenas bautizados fueron purificados enjabonándolos con yuca. Los que tenían nombres cristianos renunciaron a ellos, y las iglesias y reliquias cristianas fueron destruídas. Popé exigió que se dejara de plantar alfalfa y trigo, dos típicas plantas españolas, y que se talaran los árboles frutales. También quiso que no se practicaran más los oficios enseñados por los españoles, tales como el de herrero. E hizo soltar todos los animales traídos por los españoles, incluso los caballos.

Muchos pensaron que Popé exageraba. No querían renunciar a las cosas que les facilitaban la vida, y les parecía que el cacique había adquirido algunos de los malos hábitos españoles. Popé se instaló en el Palacio del Gobernador y empezó su propia tiranía. Exigió que le pagaran tributo y se inclinaran a su paso. Pronto la frágil unión de las tribus Pueblo empezó a desintegrarse debido a las opresivas medidas y la falta de coherencia de Popé, quien murió sin haber logrado concretar su sueño de una nación Pueblo fuerte y unida.

Los doce años que siguieron a la rebelión fueron difíciles. Como antes, tribus nómades saqueaban las aldeas, pero ya no estaban los españoles para defenderlas. Había gente que añoraba la guía y protección que les brindaran los españoles. Algunas familias Pueblo fueron a El Paso, hicieron las paces con los españoles y se quedaron a vivir con ellos. Otros huyeron a regiones linderas y vivieron en paz con tribus amigas Apache o Navajo. Poco a poco, las tropas españolas empezaron a infiltrarse entre los indígenas. Iban de aldea en aldea y ofrecían perdonar a aquellos que prometiesen serles leales. Quienes se resistían, solían ser quemados en sus mismas casas.

Hacia fines de la década de 1680, los españoles volvieron, esta vez para quedarse. En 1692, Don Diego de Vargas empezó la campaña para devolverle New Mexico a la corona española. Con tácticas astutas, trataba de volver las aldeas unas contra otras. Los Pueblo que le eran leales atacaban las aldeas rebeldes.

Cuando se estableció la paz entre españoles e indígenas Pueblo, ésta fue muy tensa. Los españoles temían otra rebelión violenta, y los Pueblo sentían recelo hacia ellos. Para mejorar las relaciones, los españoles aceptaron ser menos rígidos y terminar con el sistema de encomiendas.

Volvieron los franciscanos, y con ellos volvió la opresión religiosa. En 1694 y 1696, esto causó nuevas revueltas entre los indígenas Pueblo Taos. Los españoles la aplastaron con facilidad, pero después, en los años siguientes, los monjes les acordaron mayor libertad para que adoraran los dioses que quisieran.

Gradualmente, los indígenas dejaron de luchar. Aunque más y más de ellos se

(Foto cortesía del Museo de New Mexico)

Don Diego de Vargas Zapata y Luján

convertían al cristianismo, seguían practicando sus antiguas creencias. Los que se alejaban mucho de las costumbres tribales eran forzados a dejar las aldeas o establecerse solos. Los que se quedaban en las aldeas, vivían a la manera de sus antepasados.

19

Decadencia del imperio español

Hacia finales del siglo 17, las misiones y el gobierno civil empezaron a prestarle menos atención a los Pueblo. El deterioro del poderío español en New Mexico comenzó cuando los españoles tuvieron que concentrar sus energías en la confrontación con los indígenas de los Llanos y la amenaza que consituían los franceses establecidos en el valle del Mississippi. Sin la opresión española, los Pueblo pudieron volver a la libertad espiritual que disfrutaran antes de la llegada del hombre blanco.

El imperio español empezó a disolverse en la primera parte del siglo 19. México obtuvo su independencia en 1821 y se convirtió en el nuevo "propietario" del territorio Pueblo. Por suerte para los indígenas, lo que más preocupaba a los mejicanos era retener el territorio de Texas e impedir que lo absorbieran los Estados Unidos. Los Pueblo fueron dejados en paz. En 1847, algunas tribus se unieron a los mejicanos en la lucha contra los americanos. Teniendo que elegir, los indios prefirieron combatir un enemigo conocido antes que uno por conocer. Al año siguiente, el Tratado de Guadalupe Hidalgo concluyó la guerra mejicana, y las tierras de los Pueblo pasaron a pertenecer a los Estados Unidos.

Al principio, los americanos trataron a los Pueblo mejor que a las demás tribus. Como habían vivido tanto tiempo bajo la dominación española, los consideraban mucho más "civilizados." Les dieron subvenciones y les ofrecieron la nacionalidad americana. Los americanos también se granjearon su apoyo al luchar contra sus enemigos, los Apache y Navajo. Hacia 1880, las incursiones contra aldeas Pueblo cesaron por completo.

Al marcharse los españoles, los Pueblo pudieron volver a su propia religión. Pero su libertad de culto no duró mucho. Nuevos grupos cristianos, incluyendo Bautistas y Metodistas, llegaron al territorio con la misma ambición de convertir los indígenas a su propia fe.

El gobierno americano deseaba asimilarlos a su propio estilo de vida. Asimilación es el proceso por el cual un grupo étnico abandona, o es forzado a abandonar, su identidad cultural y vive como el resto de la población. Algunos viejos indígenas Pueblo aún recuerdan cuando, de niños, fueran enviados a escuelas dirigidas por los blancos. A veces los mandaban a lugares tan lejanos como Pensilvania y los forzaban a quedarse en la escuela muchos años. Se los trataba cruelmente si eran sorprendidos hablando su propio idioma o practicando sus ritos. El gobierno federal deseaba que las nuevas generaciones indígenas olvidaran sus propias costumbres y creencias.

Los americanos blancos cristianos se convirtieron en una amenaza para los indios. Se oponían al énfasis que los Pueblo ponían en la vida espiritual, y los acusaban de entregarse a prácticas "antiamericanas." El Código Criminal Religioso para indígenas concedía a los agentes del gobierno autoridad para suprimir la libertad religiosa de las aldeas. Finalmente, se vieron obligados a practicar su religión en secreto.

Vida diaria

Los Pueblo siempre supieron cuán importante era vivir en comunidad. Las aldeas no podían tener más de 500 habitantes porque escaseaba el agua. Todo el mundo compartía lo que tenía con los demás. Ninguno tenía más comida o ropas que otro.

Los Pueblo eran mayormente vegetarianos, pero comían carne cuando la conseguían. Consumían conejos, topos y ardillas, ciervos, antílopes y pumas. Cuando un indígenas mataba un animal, trataba de utilizarlo por completo, no solamente su carne. De los huesos se hacían herramientas o sonajeros ceremoniales, y las pieles se estiraban para hacer tambores. La mayor parte del año, sin embargo, los Pueblo sobrevivían a base de frutas secas y vegetales.

Aunque en el suroeste la estación de cultivo es corta y seca, los Pueblo tuvieron éxito en la producción de vegetales. El cultivo principal era el maíz, que constituía el ochenta por ciento de su dieta. ¡No por nada los Pueblo saben cuarenta maneras distintas de cocinarlo! Cultivaban una variedad de maíz especialmente resistente, con largas raíces y hojas duras que pueden soportar el viento seco del desierto.

La producción de maíz era la tarea principal de la comunidad. La vida giraba alrededor del ciclo de oraciones colectivas, juegos ceremoniales, y danzas que aseguraban una generosa cosecha. Cada aldea tenía un "Vigilante del Sol" oficial, quien le decía a la comunidad el mejor momento para plantar las semillas o empezar la cosecha.

Raras veces llovía, pero cuando lo hacía, las lluvias eran torrenciales. Las tormentas de verano causaban tanto daño a las cosechas como la sequía. Los terrenos tenían que elegirse con cuidado, teniendo en mente ambos extremos. Los Pueblo aprendieron a sacarle el máximo provecho a la poca lluvia y nieve que recibían. A veces iban a buscar agua a la cima de una montaña y hacían rodar hasta la aldea una enorme bola de nieve. También usaban un sistema de irrigación que aprendieran de las tribus vecinas, controlando y guiando la corriente de agua por medio de esteras de fibras entretejidas.

Las familias compartían los campos de maíz y calabaza, los cultivos mayores. Otros vegetales, como pimientos, cebollas, chiles y tabaco, eran cultivos individuales. Los hombres se hacían cargo de los cultivos, y las mujeres, de preservar las cosechas. El almacenamiento de maíz era probablemente la tarea más importante y la que más tiempo consumía. Ataban las mazorcas por las hojas y las colgaban a secar. Después, las mujeres las molían en bateas especiales, con tres tipos distintos de piedras, una más gruesa que la otra. Luego el maíz se almacenaba en depósitos diseñados para no dejar entrar en ellos animales hambrientos. Por si el año siguiente fuese de sequía, se guardaba allí suficiente comida para uno o dos años.

(Foto cortesía del Museo de New Mexico)

Danza del Maíz. Indígenas Pueblo de San Ildefonso.

(Foto cortesía del Museo de New Mexico)

Indígena Pueblo del Acantilado Gila, New Mexico, 1932

Construcción de las aldeas

Como lo indica su nombre, los Pueblo eran famosos por su bella y única arquitectura. Al principio de su historia, dormían en cavernas y acantilados de la región. Con el paso del tiempo, empezaron a construir casas de piedra arenisca y adobe, la arcilla natural de la región.

Las aldeas se construían en mesetas, acantilados y cañones. Los edificios eran diseñados pensando en las necesidades prácticas y espirituales de la gente. Generalmente no se planificaban. Solían estructurarse alrededor de la kiva, que era el foco central de la vida diaria y de todos en la aldea. Las casas pertenecían a las mujeres de la tribu. Cuando se casaba, un hombre pasaba a vivir en la casa de su esposa.

De vez en cuando, todos compartían la tarea de construir las casas de una comunidad Pueblo. Se pagaba a la gente en comida. Como los alimentos costaban tanto, se invitaba a participar a la menor cantidad posible de ayudantes. Cada cual hacía sus propias herramientas de hueso o piedra. Las tareas se dividían entre hombres y mujeres. En general, los hombres eran albañiles y hacían la estructura principal, mientras las mujeres aplicaban el yeso.

A menudo las casas se hacían de piedra o adobe y después se estucaban. Se usaban troncos de árboles como vigas de techo. En las regiones desérticas era difícil encontrar árboles y casi imposible acarrearlos, por lo que las casas, de un solo cuarto, solían tener exactamente el largo de los árboles más manejables. A veces una familia vivía en un cuarto de no más de 12x20 pies.

Primero se construían las paredes exteriores. Después se colocaba encima una capa de soportes. Luego se apilaban ramas de sauce sobre las vigas que soportaban el techo. Encima se les ponía una capa de pasto y malezas, y después una capa de tierra. Para terminar, las mujeres apisonaban la tierra con los pies.

Las casas compartían paredes y solían apoyarse unas encima de otras. El techo de una familia podía ser la terraza delantera de otra. Los hornos se construían en los techos, o en ellos se ponían las pieles a secar al sol. La piedra y arcilla del exterior eran adecuadas para el clima cálido. Tanto la piedra como la arcilla absorben el calor, y las casas se mantenían frescas de día y calientes por la noche. Las puertas y ventanas eran pequeñas para que no entrara el ardiente sol. Los vanos de la puerta eran anchos arriba, para permitir el paso de gente acarreando en los hombros cargas pesadas y anchas. Los Pueblo no construyeron escaleras hasta que llegaron los españoles. Para ir a una casa del nivel superior, la gente tenía que trepar por escalas que podían ser retiradas en caso de peligro. Esto les aseguraba gran protección, ya que a sus enemigos les era casi imposible entrar en la aldea.

Como las casas eran pequeñas, los Pueblo tenían que ser limpios y bien organizados. Como estantes, ponían repisas en las paredes. Contenedores especiales para granos y otros alimentos se construían bajo el piso. La gente no usaba mesas ni sillas, sino que se sentaba en el suelo o sobre mantas arrolladas. Tampoco tenían camas, y dormían sobre alfombras o pieles de oveja.

Mantener las casas costaba mucho trabajo. Las fuertes lluvias a menudo arrancaban el estuco, y el mantenimiento del mismo era crucial. También lo era obtener que el Mundo de los Espíritus preservara la casa y protegiera a sus habitantes. Durante la construcción se llevaban a cabo importantes ceremonias. Se salpicaba harina de maíz en los pisos para "alimentar" la casa. El líder espiritual oraba y colgaba plumas de oración de las vigas para mantener la casa a salvo de daños. Después, al pasar los años, se lo llamaba nuevamente para que cambiara las plumas viejas por otras nuevas.

(Foto cortesía del Museo de New Mexico)

Palacio del Acantilado, Mesa Verde, Colorado, 1930

El Lago Azul, New Mexico

El siglo veinte

Hacia el siglo veinte, la batalla por las tierras y la religión de los indígenas dejó de pelearse con armas. En vez, se disputaban batallas políticas. La lucha de los Pueblo Taos por preservar su tierra ha sido la más importante hasta hoy. Les ganó el apoyo de otros grupos indígenas, y también el de americanos blancos.

Bajo las administraciones mejicana y americana, a menudo se engañó a los indígenas para hacerlos entregar sus tierras. No sabían que el gobierno americano rompía sus promesas o formulaba leyes a favor de sus propios intereses. Los americanos invadieron el territorio Pueblo y se asentaron en él. Los Taos estaban muy preocupados por el Lago Azul y las tierras alrededor. Estaba en los límites del territorio que el Creador les había dado a sus antepasados. Los Pueblo a menudo realizaban ceremonias sagradas en el lago, que eran necesarias para mantener la armonía del mundo natural. Al invadir el territorio, los blancos estaban

quebrantando el delicado equilibrio que los Pueblo tanto habían querido mantener.

En 1903, el presidente Theodore Roosevelt decidió regalarle el Lago Azul y sus alrededores al pueblo americano. Poco le importó que esas posesiones no fueran suyas. Infructuosamente, los Taos trataron de obtener que el área se convirtiese en una reservación. En 1908, 130.000 acres del sagrado territorio se convirtió en el Bosque Nacional Carson. Los agentes del gobierno pensaron que no podía confiarse a los indígenas la salvaguarda de lugar tan hermoso. Esto fue un golpe y un insulto para los Pueblo, quienes creían que su misión más sagrada era defender la tierra. Irónicamente, habían mantenido puras las tierras durante 600 años, hasta que los americanos las reclamaron para proteger la región contra los Pueblo.

Los Taos se quejaron porque no-indígenas pisoteaban los lugares sagrados, contaminaban los ríos y criaban ganado sin permiso previo de ellos. Al mismo tiempo, algunos colonos americanos trataban de mantener a los indígenas fuera del territorio del Lago Azul, ¡y hasta hacían correr rumores de que practicaban asesinatos rituales! Los indígenas celebraban ceremonias pacíficas, pero los colonos insistieron en decir que, puesto que los ritos eran secretos, debían ser diabólicos. En verdad, los Pueblo sentían que tenían que mantener el secreto para protegerse a sí mismos.

Hacia 1920, varios grupos querían eliminar por completo las ceremonias religiosas de los Pueblo. Los indígenas pidieron permiso para practicar sus ceremonias en privado, sin intromisión ajena, pero recién en 1934, cuando se firmó el Acta de Reorganización Indígena, la ley decidió proteger el derecho de los americanos nativos a su religión, por lo menos en el papel.

El Acta de Reorganización Indígena probó ser otra promesa hueca. Hasta 1965, los agentes del gobierno desalentaron la libertad de religión sobre la base de que los Pueblo no entenderían el estilo de vida "civilizado" hasta que se los forzara a renunciar a su propia cultura. Distintas organizaciones políticas siguieron la batalla a favor y en contra de los indígenas. En cierto momento, el gobierno ofreció pagarles por el Lago Azul, confiscado en 1908, pero los Taos contestaron que su religión les importaba más que el dinero.

La batalla por la región del Lago Azul llegó a simbolizar las injusticias que se cometían contra los americanos nativos. También otros grupos étnicos se enojaron.

Muchos los apoyaban y escribieron cartas al Congreso y al presidente de los Estados Unidos, Richard Nixon. Nixon probó ser amigo de los Taos. En 1970, después de 62 años, el gobierno le devolvió 48.000 acres de tierra a la tribu. Esta fue una victoria importante para todos los indígenas. Por fin, sus derechos a la tierra y la libertad religiosa eran reconocidos por el gobierno americano.

(Foto cortesía del Registro y Archivos Estatales de Santa Fe, New Mexico)

El 15 de Diciembre de 1970, el presidente Richard Nixon firma una ley devolviéndoles 48.000 acres de tierra a los indígenas Taos.

*Izquierda: Tom Toslino, como lucía a su llegada a la
Escuela Carlisle, en Carlisle, Pensilvania, hacia 1880.
Derecha: Tom Toslino después de tres años en la Escuela
Carlisle.*

Dos kachinas Hopi.

Equilibrio entre dos mundos

Hoy en día, las tribus Pueblo enfrentan la tarea de vivir en una sociedad moderna, y al mismo tiempo preservar sus tradiciones. El desafío consiste en entrelazar dos estilos de vida tan distintos.

En las reservaciones hay muchos aportes modernos. La mayoría de los americanos nativos ha cambiado las casas de arenisca y adobe por casas rodantes o de cemento. Las aldeas se extienden más allá de los límites originales, y casi todas las familias viven en casas de más de un cuarto. Algunas prefieren vivir sin las facilidades actuales, hachando leña para combustible en vez de usar gas o electricidad. Los Pueblo todavía trabajan la tierra, pero ahora usan herramientas modernas. Por razones económicas, algunos han tomado empleos fuera de las reservaciones.

Aunque su vida ha cambiado, los Pueblo siguen creyendo que los valores

Alumnos Pueblo de la tribu Cochiti en la escuela St. Catherine, en Santa Fe, New Mexico.

espirituales son importantes. Por ejemplo, los Hopi aún se consideran los guardianes de la tierra, y realizan ceremonias para proteger toda la gente, los animales, las plantas y minerales que existen.

Los niños Pueblo antes eran forzados a dejar la reservación para ir a la escuela. Hace unos años se construyeron escuelas en la misma reservación, pero la Oficina de Asuntos Indígenas no provee suficientes fondos para darles una educación de buena calidad. En algunas escuelas, una clase entera debe compartir un solo libro, sentándose en el suelo porque no tienen sillas. Pese a tales condiciones, los Pueblo comprenden la importancia de la educación. Saben que si su pueblo desea triunfar en el mundo exterior y mejorar sus condiciones de vida, los jóvenes tienen que educarse.

Se ha debatido mucho respecto a si la cultura y el idioma de los americanos nativos debe enseñárseles conjuntamente con matemáticas y ciencias. A los indígenas les preocupa más que nada conservar su idioma. El idioma Hopi, por ejemplo, está en peligro de extinguirse porque no tiene forma escrita. Si no se habla, perece. Algunos Hopi están tratando de preservarlo por distintos medios, incluyendo computadoras, videos, y grabaciones de canciones tradicionales, poemas e historias populares.

Las tradiciones que aún mantienen los Pueblo son muy importantes para ellos. Un novio Hopi todavía recibe harina de maíz en una canasta hecha a mano como regalo de bodas. Aunque los adolescentes Pueblo usan modernos peinados y camisetas con nombres de grupos de rock, muchos dedican tiempo a aprender canciones tribales y escuchar a sus abuelos contar leyendas de sus antepasados. Los niños Pueblo saben que son el futuro de su raza. En un mundo agitado y en continuo cambio, les toca a ellos llevar el pesado fardo de preservar su cultura.

Fechas importantes en la historia de los Pueblo

700 - 900	Emerge la cultura Pueblo
1050 -1300	La cultura Pueblo alcanza su apogeo
1276-1299	Primera gran migración de las tribus Pueblo
1450	Segunda ola migratoria
1540	El Adelantado Coronado llega al suroeste
1598	New Mexico se convierte en colonia española
1680	Gran Rebelión de los Indígenas Pueblo
1692	Los españoles recuperan los territorios de los Pueblo
1700s	Los Pueblo se liberan de la tiranía española
1821	México obtiene su independencia de España
1848	Termina la guerra Mexicana-Americana. Los Estados Unidos ganan New Mexico
1908	El presidente Theodore Roosevelt convierte el Lago Azul en parte del Bosque Nacional Carson.
1920s	Los Pueblo luchan por obtener la libertad de culto
1934	Se firma el Acta de Reorganización Indígena
1970	El presidente Richard Nixon devuelve la región del Lago Azul a los indígenas Taos.

ÍNDICE ALFABÉTICO